MATÉRIAUX

POUR

L'HISTOIRE PRIMITIVE ET NATURELLE

DE L'HOMME

REVUE MENSUELLE ILLUSTRÉE

FONDÉE PAR M. G. DE MORTILLET, 1865-1868

dirigée par

E. CARTAILHAC ET E. CHANTRE

LES

COLLIERS DE PIERRE

TROUVÉS A PUERTO-RICO ET EN ÉCOSSE

PAR

E. BEAUVOIS

PARIS

CH. REINWALD, LIBRAIRE

15, RUE DES SAINTS-PÈRES, 15

—

1886

PRINCIPAUX COLLABORATEURS DES MATÉRIAUX

MM. A. ARCELIN, à Saint-Sorlin (Saône-et-Loire).
G. D'AULT-DUMESNIL, à Abbeville (Somme).
DE BAYE (Le Baron), à Paris.
E. BEAUVOIS, à Corberon (Côte-d'Or).
Dr BLEICHER, à Nancy.
Marcellin BOULE, à Toulouse.
Dr BORDIER, Professeur à l'École d'anthropologie de Paris.
Cazalis de FONDOUCE, à Montpellier.
PAUL du CHATELLIER, château de Kernuz par Pont-l'Abbé (Finistère).
CHAUVET, à Ruffec (Charente).
DALEAU, à Bourg-sur-Gironde.
Dr FAUDEL, à Colmar.
GIRARD DE RIALLE, Directeur des archives au ministère des affaires
      étrangères, Paris.
GAUTIER, à Lyon.
Dr Ernest HAMY, Conservateur du musée ethnographique du Trocadéro.
Louis LARTET, Professeur à la Faculté des sciences de Toulouse.
Dr MANOUVRIER, Professeur à l'École d'anthropologie de Paris.
Dr MARION, Professeur à la Faculté des sciences de Marseille.
Lud. MARTINET, à Banyuls-sur-Mer (Pyrénées-Orientales).
Gabriel DE MORTILLET, à Saint-Germain-en-Laye.
Adrien de MORTILLET,
Marquis de NADAILLAC, correspondant de l'Institut, à Paris.
PERRIN, à Chambéry.
PIETTE, Juge à Angers.
PILLOY, à Saint-Quentin (Aisne).
A. de QUATREFAGES, de l'Institut, Professeur au Muséum, Paris.
RAMES, Géologue à Aurillac (Cantal).
Ph. SALMON, Vice-Président de la Commission de conservation des monu-
      ments mégalithiques, à Paris.
Dr TESTUT, Professeur à la Faculté de médecine de Lille.
Dr Paul TOPINARD, Professeur à l'École d'anthropologie de Paris.
ZABOROWSKI, Publiciste à Thieys (Seine).

LES COLLIERS DE PIERRE

TROUVÉS A PUERTO-RICO ET EN ÉCOSSE

Par E. BEAUVOIS

Un commerçant américain, M. George Latimer, né à Philadelphie en 1803, mort à Paris le 2 août 1874, mais qui, depuis 1848, avait presque constamment habité la ville de San-Juan de Puerto-Rico, fit dans cette île une belle collection d'antiquités, qui ont été en grande partie incorporées dans le Musée national de Philadelphie, et qui ont été décrites par M. Ottis T. Mason[1]. Parmi elles on remarque trente-cinq curieux objets de pierre, qui ressemblent passablement bien à de petits colliers de chevaux, et dont quelques-uns proviennent des cavernes, mais qui pour la plupart ont été exhumés du sol par la houe ou le soc de la charrue. Deux d'entre eux se trouvent au Musée ethnographique du Trocadéro à Paris.

Quelques-uns de ces colliers, étant très massifs et peu ou point ornés, paraissent être des ébauches ; les autres, au contraire, minces et finement travaillés, sont tous faits d'une sorte de pierre volcanique de différentes couleurs, et ils ont à l'extérieur une petite proéminence placée tantôt sur le côté droit, tantôt à gauche (fig. 181, 182, 183, 184, 185, 186, 187, 188). On en conclut que deux colliers différents formaient la paire et étaient portés par des personnes qui marchaient par couple. Les ornements sont aussi correctement dessinés que bien exécutés, en creux ou en relief. Hors œuvre, la hauteur varie de $0^m,33$ à $0^m,47$, et la largeur de $0^m,27$ à $0^m,35$; or, comme l'épaisseur des bords est de $0^m,03$ à $0^m,08$, le vide correspond à l'en-

---

[1] *The Latimer collection of antiquities from Porto-Rico*, p. 372-393 de *Annual Report of the Smithsonian Institution for the year 1876*. Washington, 1877. In-8o, avec 11 fig. (50-60), représentant des colliers ou s'y rapportant.

colure d'un petit cheval; mais la tête n'aurait pu y passer que très difficilement. On peut donc conclure qu'ils n'ont pas été portés par

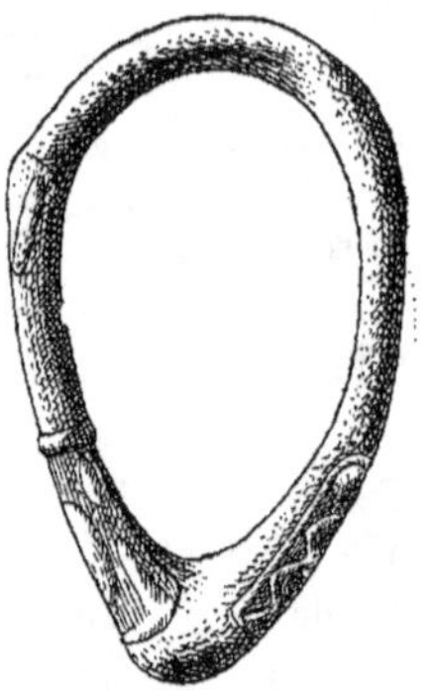

Fig. 181. — 1/10 gr.

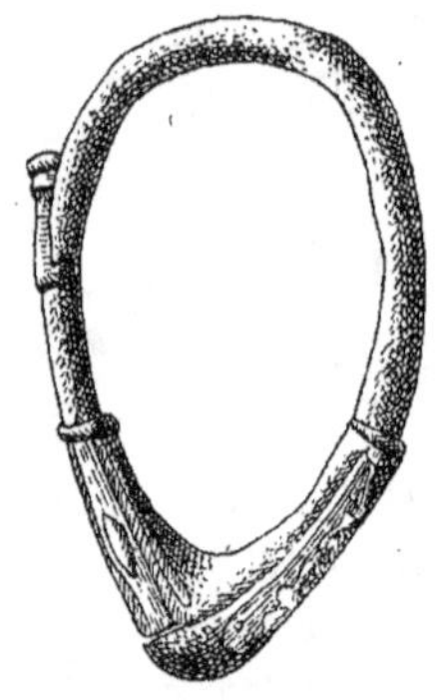

Fig. 182. — 1/10 gr.

des chevaux, ce que la matière dont ils sont faits aurait déjà suffisamment indiqué. On ne sait d'ailleurs pas quel en était l'usage, et l'on ne pourra le déterminer qu'en étudiant les antiquités analogues.

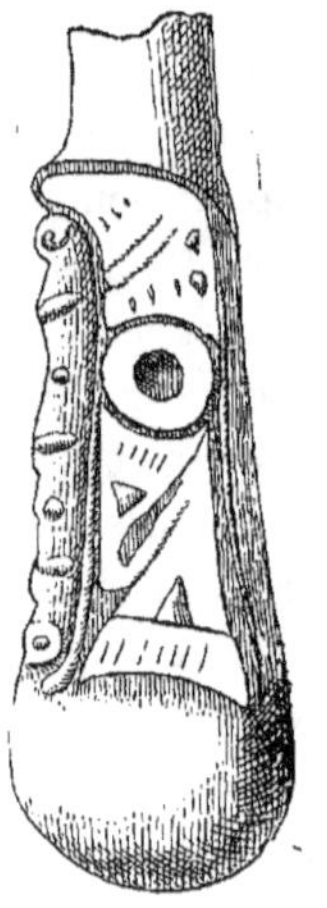

Fig. 183. — 1/4 gr.

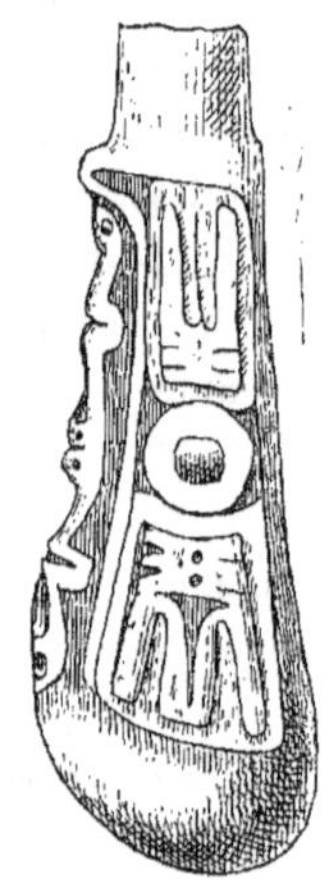

Fig. 184. — 1/4 gr.

Celles-ci sont, paraît-il, très rares; pour notre part nous n'en connaissons que deux de même forme et de même matière, trouvées

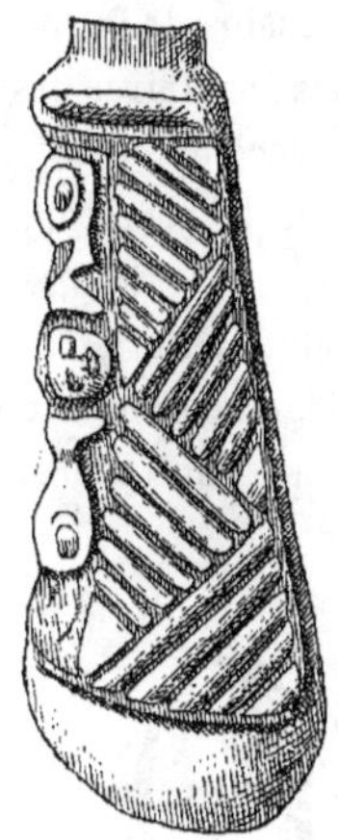
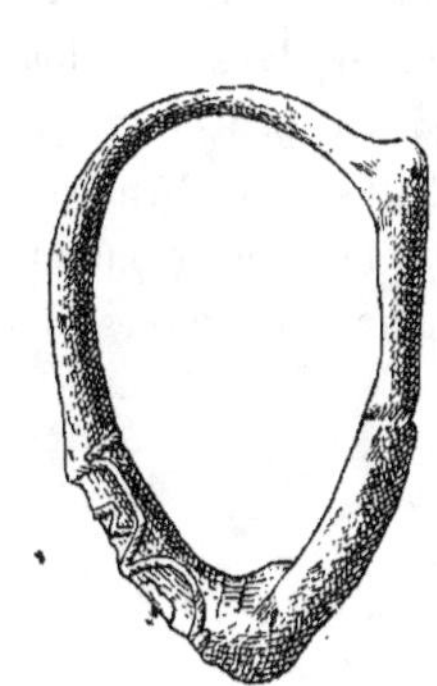
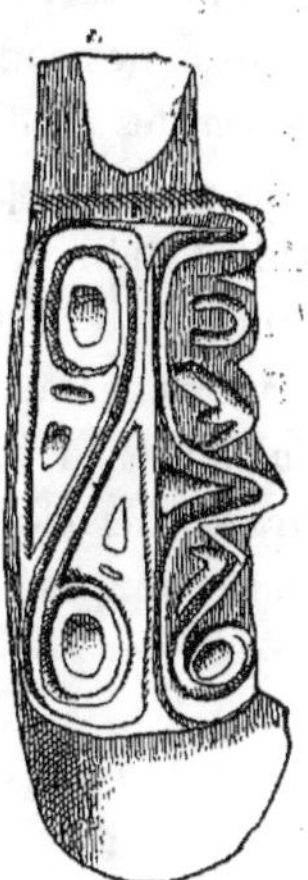

Fig. 185. — 1/4 gr.   Fig. 186. — 1/10 gr.   Fig. 187. — 1/4 gr.

Colliers en pierre de Puerto-Rico.

dans les Highlands d'Écosse (fig. 189, 190), près des célèbres routes parallèles de Glenroy, comté d'Inverness. Ces objets ont les dimensions des colliers des petits chevaux des Highlands ; l'un est de trapp, l'autre de granit rouge. De même que pour ceux décrits plus haut, la pierre est finement polie et taillée avec soin. Quoiqu'ils imitent tous les détails des colliers ordinaires, notamment les plis du cuir, les clous, les boucles, les trous d'attache, on ne peut pourtant supposer, dit M. Dan. Wilson, à qui nous empruntons ces notions [1], qu'ils en aient jamais fait l'office, et ils ne restent pas moins énigmatiques que ceux de Puerto-Rico. — Leur

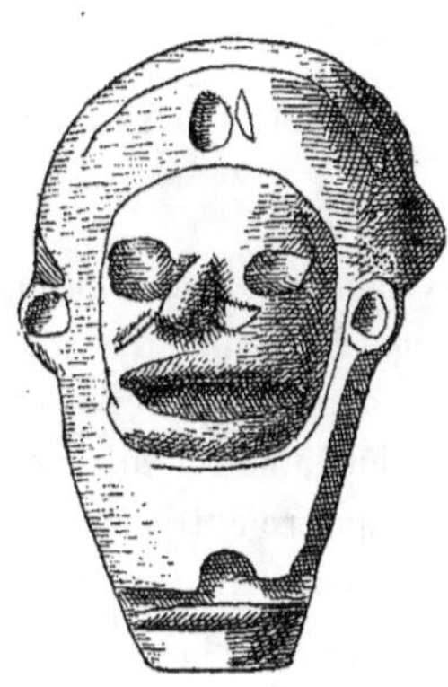

Fig. 188. — 1/3 gr.

---

1 *The Archæology and prehistoric Annals of Scotland*, Edinburgh, 1851, gr. in-8o, p. 156-7, avec 2 fig.

afinité avec ceux-ci est incontestable ; elle a été reconnue par l'émi-
fnent directeur du musée ethnographique du Trocadéro, dans une com-
paraison des colliers de cette collection avec les dessins de D. Wilson.
Ce sont les produits d'un même art, et comme les insulaires des An-
tilles n'avaient pas de chevaux dans les temps précolombiens, il est
évident qu'il faut chercher dans l'ancien monde le prototype des
colliers de Puerto-Rico. On peut voir en ceux-ci des vestiges des
relations des anciens Celtes avec l'Amérique, relations attestées non
seulement par les sagas, les vies de saints, les légendes, mais encore
par une série de faits archéologiques dont nous continuerons de
donner l'exposé.

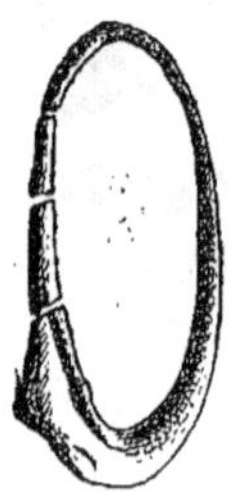

Fig. 189. — 1/2 gr.   Fig. 190. — 1/10 gr.

Colliers d'Écosse.

On a rapproché ces colliers d'objets mexicains, également en pierre,
mais en forme de fer à cheval, que l'on regarde comme des jougs de
sacrifice. Les Espagnols du xvi⁰ siècle nous apprennent, en effet, que
l'un des six prêtres chargés des sacrifices humains serrait le cou du
patient avec un *collier de bois*, tandis que quatre autres le tenaient
chacun par un membre, et que le sixième arrachait le cœur de la vic-
time avec une lame d'obsidienne. Selon le P. Diego Duran[1], ce
collier était en forme de couleuvre, et il est en effet ainsi figuré dans
l'album de son ouvrage (pl. IV de la part. II). Le P. J. de Torque-
mada[2] ajoute que cette figure de serpent était à demi recoquillée, et

[1] *Historia de las Indias de Nueva España*, in-4⁰, t. II, Mexico, 1880, p. 93-94. —
Cf. Acosta, *Hist. de las Indias*, l. V, ch. xx ; Herrera, déc III, liv. II, ch. xvi.
[2] *Monarquia indiana*, l. VII, ch. XVIII.

en lui donnant pour synonymes les mots *corma* (ceps) ou *argolla de madera* (carcan de bois), il ne laisse aucun doute sur la forme annulaire qu'avait l'instrument. Et pourtant on n'en a retrouvé ni de cette forme, ni de cette matière, d'ailleurs essentiellement périssable. Ceux que l'on a découverts à Mexico, à Tlaxcallan, à Orizaba (il y en a huit au musée de Mexico [1], quelques-uns à Paris et à Copenhague) sont tous en pierre et en forme de fer à cheval, de sorte que l'on ne sait au juste s'il faut les mettre dans la même classe que les carcans en bois décrits par les anciens et les colliers de pierre de Puerto-Rico et des Highlands.

[1] Gumesindo Gomez et Jesus Sanchez, *Catálogo*, dans *Anales del Museo nacional de Mexico*, in-4°, t II, liv. VII, 1882, p 476.

SOMMAIRE DE LA LIVRAISON D'AOUT 1886

Mémoires originaux.

Revue des Livres.

Revue des périodiques.

Variétés.

Nouvelles et Correspondance.

Les « Matériaux » paraissent le 15 de chaque mois par livraison
ornée de planches et de dessins dans le texte.

PRIX DE L'ABONNEMENT, PAR AN : 15 FRANCS

Un volume : 20 francs

La librairie C. REINWALD, 15, rue des Saints-Pères, à Paris,
est spécialement chargée du service des abonnements: c'est
donc à elle qu'il convient d'adresser les souscriptions annuelles
accompagnées de mandats de 15 francs par abonnement pour la
France et les pays de l'Union postale.

**LE DIX-NEUVIÈME VOLUME, TOME II DE LA TROISIÈME SÉRIE
EST MIS EN VENTE A LA MÊME LIBRAIRIE**

S'ADRESSER POUR TOUT CE QUI CONCERNE LA RÉDACTION :

M. E. CARTAILHAC, à Toulouse, 5 rue de la Chaîne,

M. E. CHANTRE, à Lyon, au Muséum.

RÉSULTATS D'UNE MISSION SCIENTIFIQUE

DU

MINISTÈRE DE L'INSTRUCTION PUBLIQUE

LES

AGES PRÉHISTORIQUES

DE

L'ESPAGNE ET DU PORTUGAL

PAR

Émile CARTAILHAC

PRÉFACE PAR M. A. DE QUATREFAGES, DE L'INSTITUT

350 pages gr. in-8. — 450 gravures dans le texte et 4 planches

PARIS CH. REINWALD

TIRAGE A TROIS CENT QUARANTE EXEMPLAIRES

LYON. — IMPRIMERIE PITRAT AÎNÉ, 4, RUE GENTIL